知っておきたい
障がいのある人のSOS
⑤

理解されにくい人のSOS

［著者］
河東田 博

ゆまに書房

もくじ

① はじめに 4

② 理解されにくい人について考えてみよう 7

③ 理解されにくい人のSOS 10

④ 街に出て調べてみよう 14

⑤ 理解されにくい人のSOSを体験してみよう 17

| ⑥ | SOSを出している人に声をかけてあげよう | 21 |

| ⑦ | 理解されにくい人のための働く場 | 24 |

| ⑧ | 理解されにくい人からのメッセージ１ | 28 |

| ⑨ | 理解されにくい人からのメッセージ２ | 33 |

| ⑩ | おわりに | 36 |

※本書の内容は、刊行当時のものです。

1 はじめに

理解されにくい人とは？

理解されにくい人、と聞いてどんな人を思いうかべますか。
理解されにくい人とは、どんな人だと思いますか？

理解されにくい人とは、次のような障がいのある人のことを言います。

- 高次脳機能障がい
- 発達障がい
- 精神障がい
- 難病
- 重い食べものアレルギー

……こうした障がいの名前を、聞いたことがありますか？

● 重い食べものアレルギーも、理解されにくい障がいの一つ

理解されにくい人は、SOSを出している

理解されにくい人たちは、理解されにくいために、
こまっていることがたくさんあります。

理解されにくい人たちは、
こまったときに何かサインを出しているはずです。

そのときのサインはどういうサインなのか、何を求めて出しているサインなのか、
もしわたしたちがそのサインを読み取ることができたら、
理解されにくい人のこまっていることはかなり減るはずです。

この本では、理解されにくいために、こまって出しているサインのことを、
SOSとよぶことにします。

理解されにくい人が出しているSOSを読み取り、
SOSに対しょしていけるようにするためにはどうしたらよいのか、を
いっしょに考えていきましょう。

みなさんは、高次脳機能障がい、発達障がい、精神障がい、難病など、
理解されにくい人に出会ったことがありますか？
理解されにくい人に出会ったとき、どう思いましたか？

あなたのまわりに、理解されにくい人はいませんか？
今まで気づかなかったかもしれませんが、
理解されにくい人に出会っていたかもしれません。

② 理解されにくい人について考えてみよう

どうして理解されにくいのだろうか？

どうして、この人たちは、理解されにくいのでしょう。

体の中の病気で起こる障がいや、脳の中で起こっている障がいのため、見た目ではよくわからないことがあります。

脳の中で起こっている障がいですので、そうしたくてそうなっているわけではないのです。

脳の中で起こっているということがわからないと、そういう性格だと思われてしまうことがあります。

病気の症状に波があり、良いときと悪いときがあります。状態にも波があります（精神障がい、難病など）。

見た目には何も変わりありません。何か変だと思っても、それが障がいだとは思わないことが多いのです。

人によって症状にちがいがありますので、こまっていることも人によってちがいます。

理解されにくい人がこまっていること

理解されにくいと、どんなこまったことがあると思いますか？
考えてみましょう。

理解されにくいと、次のようなこまったことがみられます。

どうしても身体が動かないことがある

● 痛みや感覚、目に見えないうったえを
わかってもらえないというつらさがあります。

● なまけていると思われることがあります。

● 性格やしつけの問題だと思われることがあります。

● あいまいな表現がわからずこまってしまうことがあります。

● 感覚が敏感になっています。感じすぎてしまい、
つらくなってしまうことがあります。

● 集中できなくてこまることがあります。

- 状態に波がありますので、
  昨日できたことでも今日はできないということがあります。

- 状態に波があることを、
  まわりの人にわかってもらいにくいということがあります。

- 自分でも、病気がどのようになっていくのか、
  わからなくて不安になることがあります。

- 治療(ちりょう)方法が確立されていない
  という不安があります
  （精神障がい、難病など）。

理解されにくい人たちが望んでいることは、
どんなことでしょうか？
いっしょに考えてみましょう。

③ 理解されにくい人のSOS

理解されにくい人は身近にいる

みなさんは、理解されにくい人のSOSって何だと思いますか？
いっしょに考えてみましょう。

ぶつぶつ何かしゃべっている人を、
歩いているとき、電車の中で、
公園で、ベンチで、
見かけたことはありませんか？

ぶつ　ぶつ
（不安になって
声が出ちゃうんだ）

みなさんは、そのとき、どう感じましたか？

耳をふさいでパニックになっている人、無表情で動きが止まっている人、を見かけたことはありませんか？

勝手にずっとしゃべっている人、を見かけたことはありませんか？

自動販売機の前でず〜っとぶつぶつ言っている人、を見かけたことはありませんか？

休み時間も
ず～っと本ばかり読んでいて、
だれとも話をしない人、を
見かけたことはありませんか？

だれとも話をせずに本ばかり読んでいて、成績だけはいい人、
逆に、勉強ができなくて、おこられている人、
集団からはなれてどこかに行ってしまう人、を見かけたことはありませんか？

自分では
がんばっているのに、
おこられる
ことがある

みなさんのまわりにも
いたことと思います。

そのような人たちを見て、
みなさんは、
どう感じていましたか？

まわりの人たちは、
その人たちを、どのように
見ていましたか？
思い出し、
話しあってみましょう。

いろいろな情報がごちゃごちゃになったり、うまく言葉で言えないなど、
理解されにくい人の行動や出しているSOSには、理由があるはずです。

理解されにくい人が、不安やなやみをかかえながら、
どんな生活をしているのか、をいっしょに考えてみましょう。

④ 街に出て調べてみよう

街の中のSOS

わたしたちのくらしている街のようすを
絵で示しています。
理解されにくい人たちは、
街でどんなSOSを出しているでしょう？
絵をよく見て、
いっしょに話しあってみましょう。

> 街には
> 人や情報が
> あふれている

工事の音で、思わず耳を
ふさいでしまっている人がいます。

閉店と書いてあるお店の前で、
とまどっている人がいます。

絵カードを使って
子どもに語りかけている人がいます。

後ろから子どもたちがさわぎながらやってきました。
子どもたちの前にいる人は、さわぎ声を聞いて、どんな表情をしていますか？

イヌを見て、飛び出してしまった子どもがいます。
親が後ろからおいかけていきます。近くにいる人がいやな顔をしながら見ています。

絵カードを使っている人は、子どもに何と言って語りかけているのでしょう。
近くにいる人が変な顔をしながら見ています。

この絵に登場している人たちは、理解されにくい人たちです。

病気や障(しょう)がいの種類や程度はちがっていても、ちょっと見ただけでは
よくわからないために、誤解をされたり、変な目で見られたり、
かわいそうだと思われたりします。理由もないのに、こわがられたりします。

まわりの人たちに理解されなかったら、
この人たち（子どもたち）は、どうなってしまうと思いますか？

ひきこもったり、攻撃的になってしまうかもしれませんね。
これは、まわりの人たちの無理解からくる二次障がいかもしれません。

理解されにくい人たちがいつも願っているのは、
まわりの人たちからの理解なのです。

人の目が恐い…

家にひきこもってしまう

時に感情のコントロールが効かなくなる

5 理解されにくい人のSOSを体験してみよう

いつもSOSを出している

理解されにくい人たちがこまっていることは、
街(まち)の中でも、家の中でも、同じです。

街の中でも、家の中でも、いつもSOSを出しているのです。
たとえば、

- まわりの人の目が気になる。
- 悪口を言われているような気がする。
- まわりのことが気になって、目の前のことに集中できない。
- 少し前のことをわすれてしまう。
- 元いた場所がわからなくなる。
- 新しいことがおぼえられない。
- まわりのことが気になって、急におこり出してしまう。

耳をかたむけ、
よく話を聴(き)いてあげましょう。
おちつくことのできる
静かなところを
用意してあげましょう。

- 話の内容が理解できない。
- 考えていることとちがう言葉が出てしまう。

急がせずに待ってあげる。
絵カードなどを使ってやりとりをしてみる。
文字盤(ばん)を使ってやりとりしてみる。

無理しないで
おちついたら
来てくれ

わかって
もらえた

おちつくまで、
待ってあげよう

こんなことをしてみよう

それでは、ここで、理解されにくい人たちのことを考え、次のようなことをやってみましょう。

● 相手の話に耳をかたむけ、最後までよく聴いてあげましょう
（たとえば、2人1組で、交代をしながら、3分間で「最近残念に思ったこと」「最近うれしかったこと」などをやりとりする）

● 文字盤をつくってみましょう。文字盤を使って、やりとりしてみましょう。

● イラストつきで手順を示してあげれば、料理もこまりません。

うまくできましたか？

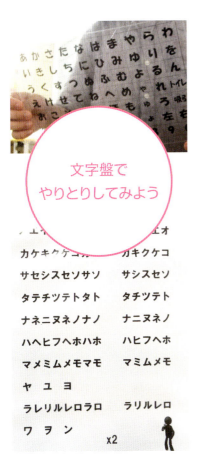

文字盤でやりとりしてみよう

イラストつきで手順を示せば、料理もこまらない

東京都国分寺市にある「国分寺難病の会」の人たちは、
「言語リハビリ」に取り組んでいます。

言語リハビリプログラムは、自由会話・体操・文章音読からなっています。

「自由会話」とは、興味のある話題を取り上げ、自由に話をしながら、
各自の発言を「引き出す」ための取り組みです。

「体操」とは、「後出しじゃんけん」や「数字の引き算」などの
遊びを取り入れながら行う、「呼吸」「口（舌）」「首」「頭」を使う体操です。

「文章音読」とは、新聞や本の中から
言語訓練に役立つ文章を取り上げて行われる発声訓練です。

それでは、次に、いっしょに「後出しじゃんけん」をやってみましょう。

リーダーが、たとえば、「グー」を出します。
勝ちたいと思う人は、大きな声で「パー」と言います。
さあ、それでは、行きますよ。「じゃんけん、○○！」

 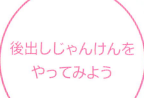 

後出しじゃんけんを
やってみよう

「後出しじゃんけん」をやってみて、どのように感じましたか？

障がいの進行をおくらせたり、改善することは、長い時間がかかります。
そのためにも、同じ障がいのあるなかまとのはげましあいが必要なのです。

⑥ SOSを出している人に声をかけてあげよう

SOSを出している人を手助けしよう

SOSを出している人に声をかけることって、
とってもむずかしいし、勇気がいります。

でも、今回、いっしょに考え、いっしょに体験してみて、
どんなときにこまったのか、どんなふうにこまったのかが
よくわかったと思います。

わたしたちが気づいていれば、
手助けすることができます。
でも、だれかがこまっていても、
なかなか声をかけられないことが
多いのです。

こまっている人に、
勇気を出して
声をかけてみよう

「だいじょうぶですか」
「何かお手伝いしましょうか」

そのような声かけがとてもうれしいのです。
まわりの人たちの、あたたかなまなざしがとてもうれしいのです。

何にこまっているのかを聴いてあげよう

だれかがこまってSOSを出していたら、
まず声をかけてみましょう。

どんなことにこまっているのかを聴いてあげましょう。

理解されにくい人は、急に変えることが苦手です。
耳で聞いたことは、わすれてしまうことが多いのです。

急がせず、待ってあげてください。
そして、ゆっくり、わかりやすく、教えてください。

理解されにくい人がこまっているのを見かけたら、
目で見てわかるように示してあげましょう。

自分でうまく聞くことができなかったり、よくわからなかったら、
一人でなやまずに、だれか近くの人に相談してみてください。

もしわからなかったら、
自分で勝手に判断せずに、

- 病院　● 保健所　● 相談所
- センターなどの専門機関
- 相談支援機関　● 市役所

などを紹介してあげてください。

● 相談支援ネットワークイメージ

まず、仕事や活動の面から見ていきましょう。

「わくわくかん」では、
「一般の会社で働けるようにするために訓練を行う部門」
「食事をつくり配食サービスを行う部門」
「クラフトやストラップなどの小物をつくって売る部門」
「クッキングなどのプログラムをとおして活動の楽しさを体験する部門」
「くらしの場（グループホーム）を提供する部門」など、
いろいろな仕事や活動が行われています。

●一般の会社で働けるように、自立訓練をしている部門

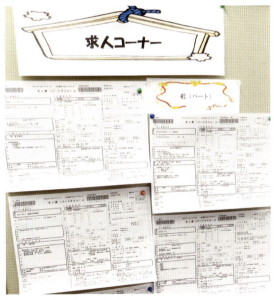 

●求人の紹介もしている　　●「わくわくかん」の内部

その中から2つの職場を紹介したいと思います。それぞれの部門でどのように
SOSを減らしながら仕事をしようとしているのかがわかると思います。

リボーンプロジェクト

「リボーン」には「生まれ変わった」「再生した」という意味があります。
一般の会社で働いていた人が、「また（再び）」会社で働けるように、
パソコンの入力作業や事務に必要な作業など、
一人ひとりの状態に合わせて仕事の練習をしています。
リボーンプロジェクトで仕事をしている人たちは、
「スピードはおそいですが」「体調がすぐれないときは業務がたいへんに思います」
とか、「なんとかたてなおして今後できる業務を少しずつ増やしていきたい」と、
SOSを出しながらも、その人なりの努力をしています。

わくわく配食サービス

「わくわくかん」の事業の目玉の一つが
配食サービスです。
1日120食をこえ、
1カ月2,800食を売り上げています。
急に売り上げがのびてきたため、
いそがしくなって、
体調をくずしてしまうのではないかと
心配しています。
おかしいな、と思ったら
すぐにSOSのサインを出してほしいと思います。

●調理場のようす

●ある日のお弁当

●配食サービスセンター

理解されにくい人がたくさん働いている「わくわくかん」の
齋藤縣三理事長は、SOSとのつきあい方を
次のように教えてくれています。

> 世の中には病気とつきあって生きている人はいっぱいます。
> でも病気であるからと言って不幸であるということではありません。
> 病気であることで生活の活力を失ない、生きる希望をもてないことがあります。
> それが不幸なのです。わたしは病気が進んでいても、
> たえず自分のもてる力を活かして、精一杯生きようと思い続けてきました。
> それができたのも自分の中の目標を失わず、
> 一緒に生きるなかまと歩んでこれたからです。
>
> （「わくわくかんリボン便り」No.166　1頁　2015）

● 「わくわくかんリボン便り」

なかまといっしょに歩みながらSOSを減らそうとしている「わくわくかん」に、
心からエールを送ります。

8 理解されにくい人からのメッセージ1

統合失調症の人からのメッセージ

岸本高明さんは、会社で働いています。

岸本さんは、37さいです。岸本さんの話を、聴いてみましょう。

●岸本さんは、統合失調症で苦しんでいた

わたしは、統合失調症という病気を
かかえています。

発病のきっかけは、中学生のときの、
家庭内の問題だったと思います。
高校生のときから症状が
あらわれはじめました。

高校を卒業した年に、わたしは、
親といっしょに、病院に行きました。
即、入院でした。病院はいやでした。

それから約2年間、
入院と退院をくり返しました。
退院して家にいたとき、昼夜逆転して、
生活のリズムが乱れてしまいました。

退院してから、デイケアに通うようになりました。
デイケアに通い、社会との接点ができたおかげで、
状態が安定するようになりました。

生活リズムも整い、じょじょに社会復帰への意欲が高まってきました。
週3日のデイケアに通いながら、自宅で受験勉強をして大学に入学しました。
高校を卒業してから4年目の春でした。

大学に入学して、わたしは、がんばりすぎてしまいました。
そのため、状態が悪くなってしまいました。
病院で統合失調症のパンフレットを見て、初めて病気だと自覚しました。
大学を休み、しばらく家にいることにしました。

そんなある日、社会でがんばりたいと思い、就労支援センターに行きました。
だんだんと調子が出てきました。
しだいに実力がつき、精神面でも強くなってきました。

社会でやっていくことができると思えるようになったとき、
タイミングよく会社に採用されました。

会社の仕事が
たいへんになってくると、
深読みをしてしまうことがあります。
そうすると、悪い方へ悪い方へと
考えこんでしまいます。
そういうことが何度かありました。

考えすぎて
調子が悪くなりそうになると、
就労支援センターに
相談をしに行きます。
相談をし、調子を取りもどして、
また会社に行くようにしています。

統合失調症の人のSOSを理解しよう

岸本さんの話を聴いていて、みなさんは、どう思いましたか？
岸本さんは、病気になってから何度もSOSを出しています。
みなさんは、岸本さんのSOSに気づきましたか？
岸本さんのSOSは、どんなSOSだったかわかりましたか？

岸本さんのSOSは、
病院で不当なあつかいをうけたときに感じた「助けて！」の場面でした。
医師や看護師からうけた理不尽な対応や不快な態度でした。
つかれた表情や態度をすると、「なまけている」と思われることでした。
自分の思いが理解されないときでした。

最後に、岸本さんは、次のように夢を語ってくれました。

仕事や当事者活動などをとおして、まわりの人たちに病気のことを理解してもらい、社会に貢献し、将来は、好きな人と結婚をしたいと思います。

●会社での岸本さん

理解されにくい人たちは、ちょっと見ただけではよくわかりません。
誤解されたり、理解されずに、変な目で見られたり、
かわいそうだと思われたりします。理由もないのに、こわがられたりします。

岸本さんは、一生懸命働き、生活しています。
岸本さんのように、理解されにくく、
不安をかかえている人たちを理解できるようにしましょう。

発達障がいの人からのメッセージ

まわりから理解されない井筒雄一郎さん

●井筒さんは、
　発達障がいに苦しんでいる

井筒雄一郎さん（39さい）は、まわりの人たちから、発達障がいとよばれています。

井筒さんが、どんなことにこまり
どんなことで苦しんできたのか、そして、今、
どんなSOSを出し、どんなことにこまっているのかを
よく聴いてみましょう。

井筒さんは小さいころからたくさんのSOSを出しているのに、まわりの人たちは
井筒さんのSOSをうけとめられず、「こまった子どもだ」と思っていたそうです。
いろいろなことを考え、たくさんのことを感じながらも、
コミュニケーションがうまくとれなかったり、おちつきがないと思われたり、
問題行動をおこす子どもと思われていたようです。
そのため、ほかの子のお母さんから「なんとかしてほしい」と苦情が出され、
井筒さんのお母さんが何度も学校によばれていたそうです。

井筒さんは、ほかの人とちょっとちがって
いるだけで、小さいときから、
バカにされたり、いじめをうけ、
たくさんのSOSを出してきました。
でも、仕返しがこわくて、
だまっているしかありませんでした。
だまっていられなくて、
ひとりごとを言いながら、
自分の世界に入っていたようです。
井筒さんを見かけた人たちは、
こわがって近づきませんでした。

●コーヒーが好きな井筒さん

●なやみつづける井筒さん

今もなやんでいる井筒さん

まわりの人たちから
変人あつかいされていましたので、
井筒さんはいつも笑われていました。
いつも緊張しながら生活していましたので、
勉強が手につきませんでした。
どんなに勉強しても、成績があがりませんでした。
毎日がストレスや緊張とのたたかいでした。
毎日毎日SOSを出していました。

学校の先生からも見くだされ、とてもつらい思いをしてきました。こうした経験は、井筒さんの性格に大きなゆがみを生じさせてしまったかもしれません。
そのため、井筒さんには、学校にも地域にも、友だちが一人もいませんでした。
残念ですが、今も、友だちはいません。

井筒さんは、大人になって、さまざまな本を読むようになりました。
生き方を変えたかったからです。
図書館に毎日のように通い、哲学、宇宙、文明、社会、文化、歴史といった本を読むようになりました。本を読むことで生き方を変えることはできませんでしたが、ものの見方を変えることができるようになっていきました。
ストレスや緊張を少なくさせる方法を学び、SOSの出し方も変化していきました。

今、井筒さんは、岩手県陸前高田市の共生社会をめざす委員会に参加しています。
障がいのある人もない人も社会参加し、ともに歩んでいくことをめざす委員会です。
おたがいに今かかえているSOSを出しあい、
SOSを減らしていくためにはどうしたらよいのかを考えるようになりました。
この委員会で、多くのことを学ぶことができました。
この委員会でさまざまな障がいのある人たちと出会いました。
多くの個性的な人たちとの出会いがあり、関係が広がりました。
これからもこの関係を大切にし、おたがいのSOSを理解し、
おぎない、助けあっていきたいと思います。

⑨ 理解されにくい人からのメッセージ2

シェーグレン症候群の人からのメッセージ

いろいろな症状がつぎからつぎへとあらわれる

稲垣恵美子さん（65さい）は、
シェーグレン症候群という難病患者です。
稲垣さんは、
進行性の感覚失調症もあわせもっています。

とても元気だった稲垣さんが、
いつごろから、どのように、
この病気があらわれてくるようになったのかを、
聴いてみました。

●稲垣さんは、
シェーグレン症候群にかかっている

わたしは、40さいをすぎたころから、右足の感覚がなくなっていることに
気がつくようになりました。やがて、スリッパがぬげる、階段で転びやすくなる、
などの症状が出はじめるようになってきました。
そして、感覚のなさが、しだいに左ウデにも広がっていきました。

50さいごろには、右ウデの感覚がなくなっていることにも気がつきました。
字が書きにくくなり、ハシももちにくくなってきました。

2003年4月に神経病院に入院し、治療法のない「難病」と診断されました。
そのときのようすを一口で表現すると、
ある日、とつぜん、階段をころげおちるような気持ちにさせられた、
という感じでした。

稲垣さんは、この20年間、
いろいろな症状に苦しみ、
体のおとろえにも
なやまされてきました。

まだ治療薬が見つかっていない今、
病気だけが進行しています。
いまなお不安にかられ、
苦しみの毎日を送っています。

●元気だったころの稲垣さん

●難病について話す稲垣さん

なかまに支えられて生きる稲垣さん

稲垣さんの不安や苦しみは、
稲垣さんだけでなく、難病患者共通の
不安や苦しみ、なやみだと言います。
稲垣さんは、
難病患者のなかまがそうであるように、
毎日、SOSを出しながら生活しているのです。

病気が進行するようになると、
理性のコントロールが
むずかしくなるそうです。
これも、難病患者に共通することのようです。
そのため、まわりの人たち、とくに、
家族からの理解が必要になってきます。
家族の理解がないと、
家族との衝突（しょうとつ）もかくごしなければなりません。
理性をコントロールするためには、
身近にいる家族からの理解とサポートが、
何よりも大切だ、と稲垣さんは言います。

●稲垣さんをサポートするパートナー

家族のほかに大切なのが、
「なかま同士の支えあい」だそうです。
病気のことをよく知り、
日々、同じように、不安をかかえ、
苦しみ、なやんでいるからです。
このようななかまだからこそ、
支えあえるのです。

なかまの会に参加し、
「言語リハビリ」など、
なかまの会が行っている活動に
積極的に参加してほしい、と
稲垣さんは言います。

●自分の病気について話す稲垣さん

稲垣さんは、病気の治療法を
早く見つけてほしいと願うだけでなく、
なかまの会をつくり、
障がい者団体の一員となって、
まだ理解のうすい行政や社会に
積極的に働きかけています。
体のおとろえを感じながらも、
体が動くうちに、「言語リハビリ」などの
福祉サービスを公的につくり出し、
なかまが気軽に参加できるように
してほしいとうったえています。

難病患者の気持ちをわかってくれる
医師や保健師、相談員、ワーカー、
言語聴覚士などの専門家を養成して
ほしいともうったえかけています。

●パートナーに自動車で送ってもらう稲垣さん

⑩ おわりに

理解されにくい人への理解を深めよう

理解されにくい人たちが出している
SOSについて学んできましたが、
いかがでしたか？

理解されにくい人たちは、
理解されにくいためにサインを出しています。
たくさんのSOSを出しています。

たとえば、

岸本(きしもと)さんは、働きすぎたり、
まわりの人たちの理解がなくて
調子が悪くなると、病気になってしまいます。

●元気で働く岸本さん

●ツエがはなせない稲垣さん

稲垣(いながき)さんは、ある日、
階段(かいだん)を落ちるようにとつぜん体が
動かなくなったと言います。
SOSはとつぜんやってきたのです。
頭はしっかりしていても、体が
いうことをきかなくなったのです。

わたしたちがSOSを読み取ろう

岸本さんや稲垣さんのような人たちのSOSを、
わたしたちが読み取れるか、読み取れないかで、理解されにくい
人たちのこまっている度あいがぐんとちがってきます。

SOSを読み取れたら、理解されにくい人たちのこまり具合は減ります。
SOSが読み取れないと、理解されにくい人たちのこまり具合は増えていきます。

みなさんもこまっていることが増えたら、いやですよね。

この本を読んでくれた人なら、もうおわかりですよね。

理解されにくい人たちのSOSを読み取り、こまったことを少なくしてあげましょう。
助けあいながら、いっしょに歩んでいけるようにしていきましょう。

理解されにくい障がいのある人たちは、
自分の思い（不安、心配など）をだれかに聴いてほしいと思っています。
相談相手がほしいと思っています。みとめてほしいと願っています。

聴き上手になりましょう。

相手を批判せず、
勇気づけられるようにしましょう。

おたがいに尊敬しあい、
信頼しあえるようにしましょう。

ともに生き、
ともに社会に役立つ人に
なっていくようにしましょう。

本なども参考にして、障がい者への理解を深めよう

7 理解されにくい人のための働く場

「わくわくかん」では、こんなことをしている

理解されにくい人は、日本全国に約300万人いると言われています。理解されにくい人は生活をしているときだけでなく、仕事をしているときもストレスをうけやすく、いつもSOSを出しています。そのため、職場の環境を改善したり、働く時間を短くしてあげるなどの配りょが必要です。

東京都北区にある「わくわくかん」では、理解されにくい人のSOSを減らしながら、仕事をとおして生きがいを見出し、働きたいという願いがかなえられるように支援しています。

●「わくわくかん」の入口

「わくわくかん」では、理解されにくい人のSOSをうけとめ、SOSを減らしながら、安心して通って来られるような場をつくりたいと考えています。また、仕事の仕方だけでなく、「わくわくかん」の運営もいっしょに考えていこうとしています。

●「わくわくかん」での仕事のようす

著者略歴
河東田 博（かとうだ・ひろし）

東京学芸大学特殊教育学科卒業。ストックホルム教育大学（現ストックホルム大学）大学院教育学研究科博士課程修了（Ph.D）。四国学院大学、徳島大学、立教大学教授を経て、現在、浦和大学社会学部客員教授。専門はノーマライゼーション論・障害者福祉論。主な研究領域は、スウェーデンの障害者政策・脱施設化と地域生活支援・当事者参画。
主な著書に、『スウェーデンの知的しょうがい者とノーマライゼーション』（単著、現代書館、1992年）『ノーマライゼーション原理とは何か―人権と共生の原理の探求』（単著、現代書館、2009年）『ピープル・ファースト：当事者活動のてびき』（単訳、現代書館、2010年）『脱施設化と地域生活支援：スウェーデンと日本』（単著、現代書館、2013年）『自立と福祉―制度・臨床への学際的アプローチ』（編著、現代書館、2013年）『多元的共生社会の構想』（編著、現代書館、2014年）『入所施設だからこそ起きてしまった相模原障害者殺傷事件』（単著、現代書館、2018年）等がある。

執筆協力	社会福祉法人 万葉の里 職員有志／元職員有志
	亀山悠津子、小堺幸恵、佐々木美知子、田中陽一郎、津田和久、野村朋美、樋代景子、宮川知誉子、村山 愛、安井麻莉、山田弘夫、渡邉淳子、和田朋子

本文デザイン	川本 要
カバーデザイン	河東田 文
イラスト	小島知子
イラスト彩色	高橋利奈

知っておきたい障がいのある人のSOS ❺
理解されにくい人のSOS

2015年5月25日　初版1刷発行
2020年6月 5日　初版2刷発行

著者	河東田 博
発行者	鈴木一行
発行所	株式会社ゆまに書房
	〒101-0047 東京都千代田区内神田2-7-6　電話：03-5296-0491（代表）

印刷・製本　藤原印刷株式会社
©Hiroshi Katoda 2015 Printed in Japan
ISBN978-4-8433-4593-1 C8336

落丁・乱丁本はお取替えします。定価はカバーに表示してあります。